Ränder

Claus-Dietrich Groll

für Ina

INHALT

Zirkel – Segelschiff ohne   Seite   1 - 10

Hirsch mit Hornbrille – Blume   Seite   11 - 16
und Vase

Trabrennen - Schaf   Seite   17 - 27

Kerze – Haus wie Fenster   Seite   28 - 39

Can Can – Eins ohne   Seite   40 - 53

Impressum   Seite   54

DANKSAGUNG

Mein Dank gilt meiner lieben Frau für ihre fortwährende Unterstützung.

Unsere Mietzekatzen sorgten für viel Unterhaltung und Entspannung

bei meiner Arbeit.

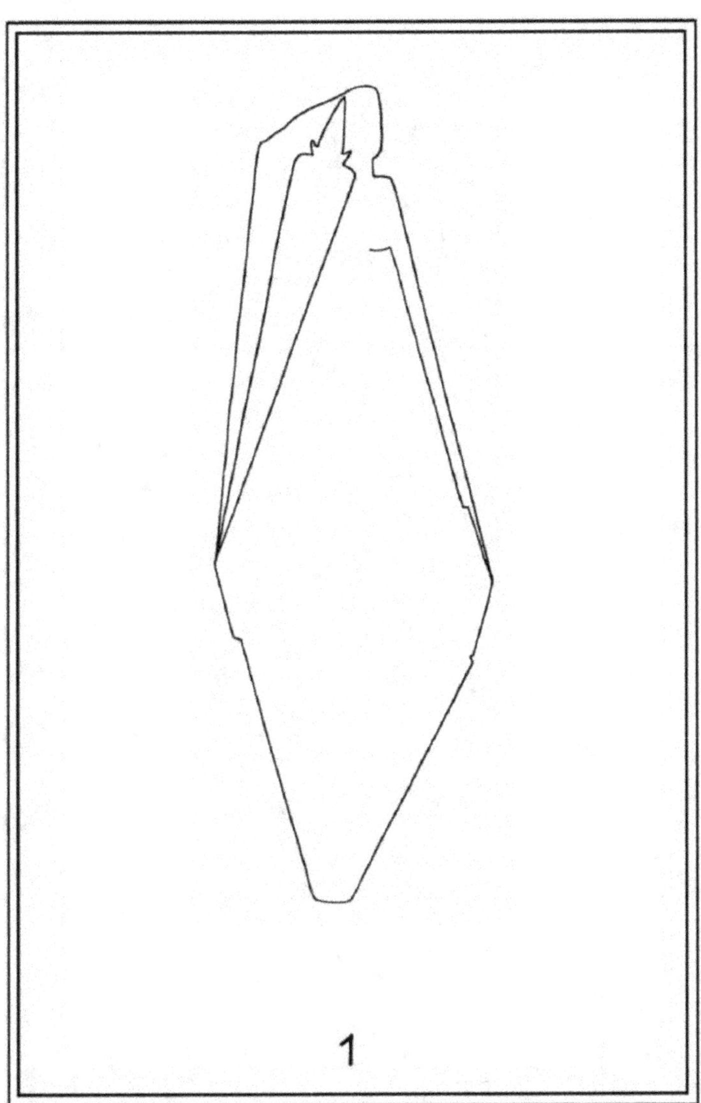

1

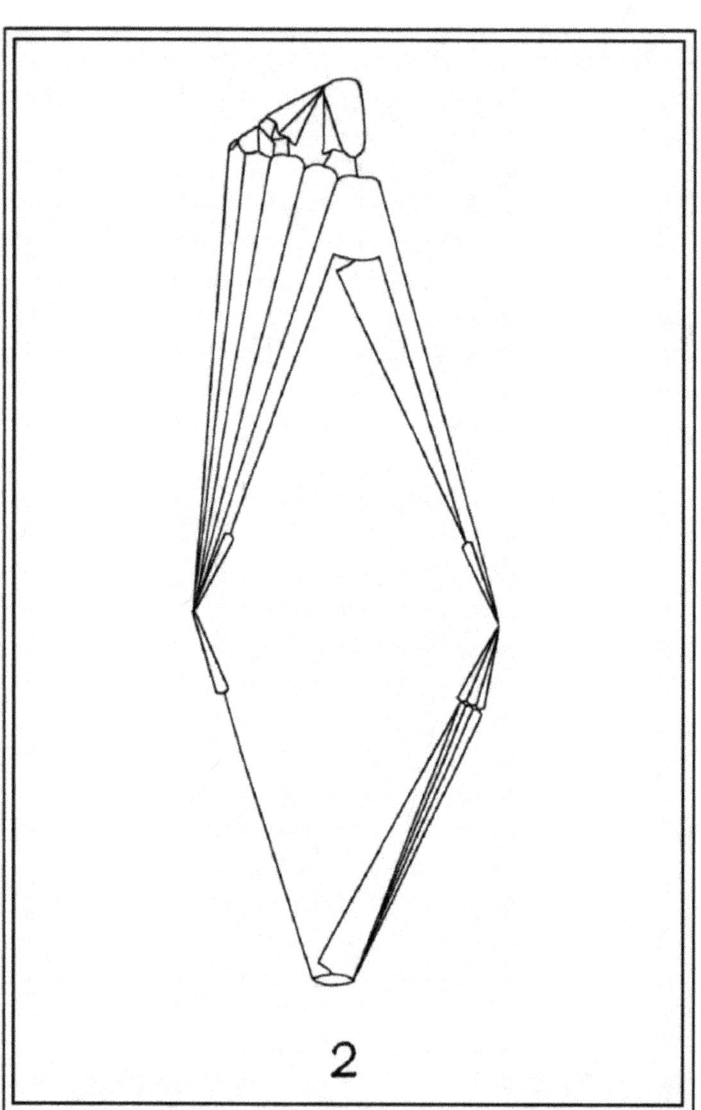

2

Ziffern spiegeln

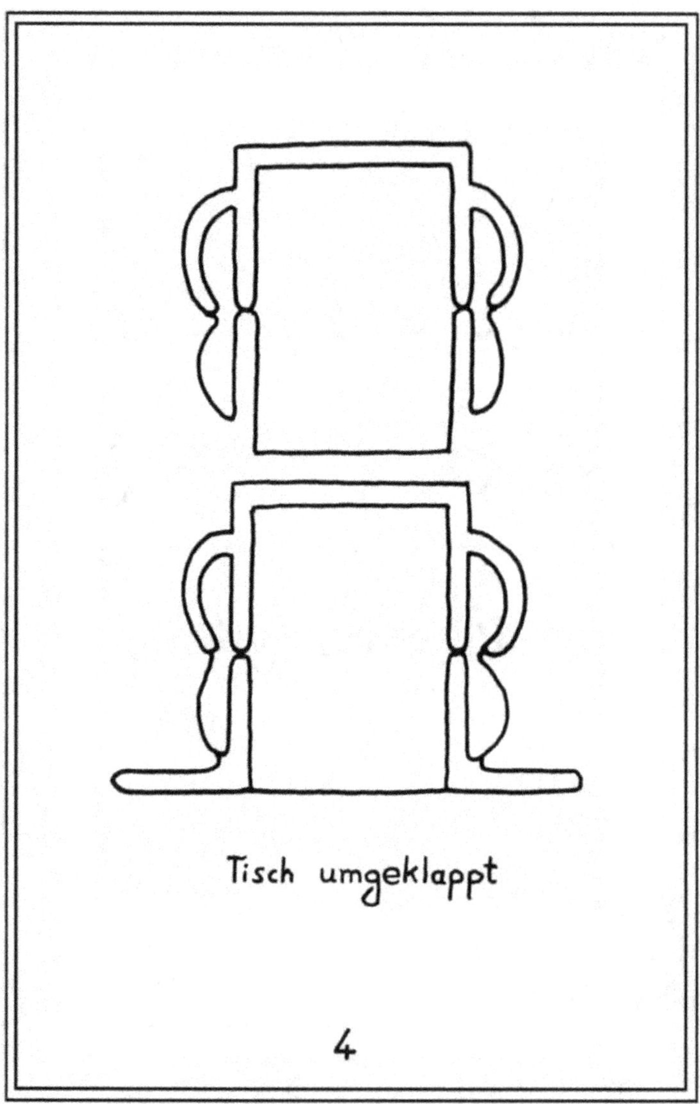

Tisch umgeklappt

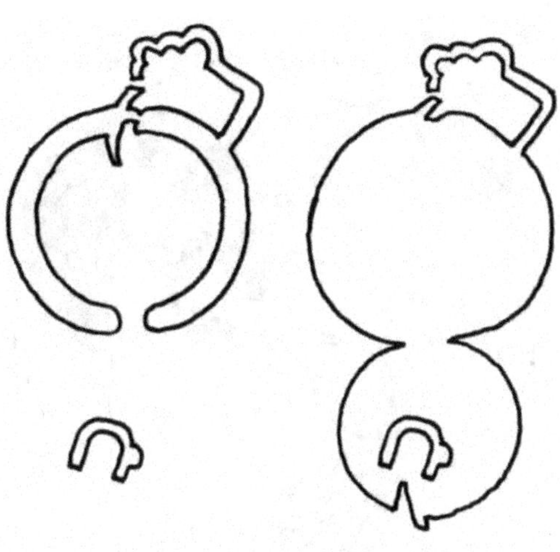

Kaffee ausschütten
gespiegelt

Trockenrasieren
mit Umgebung

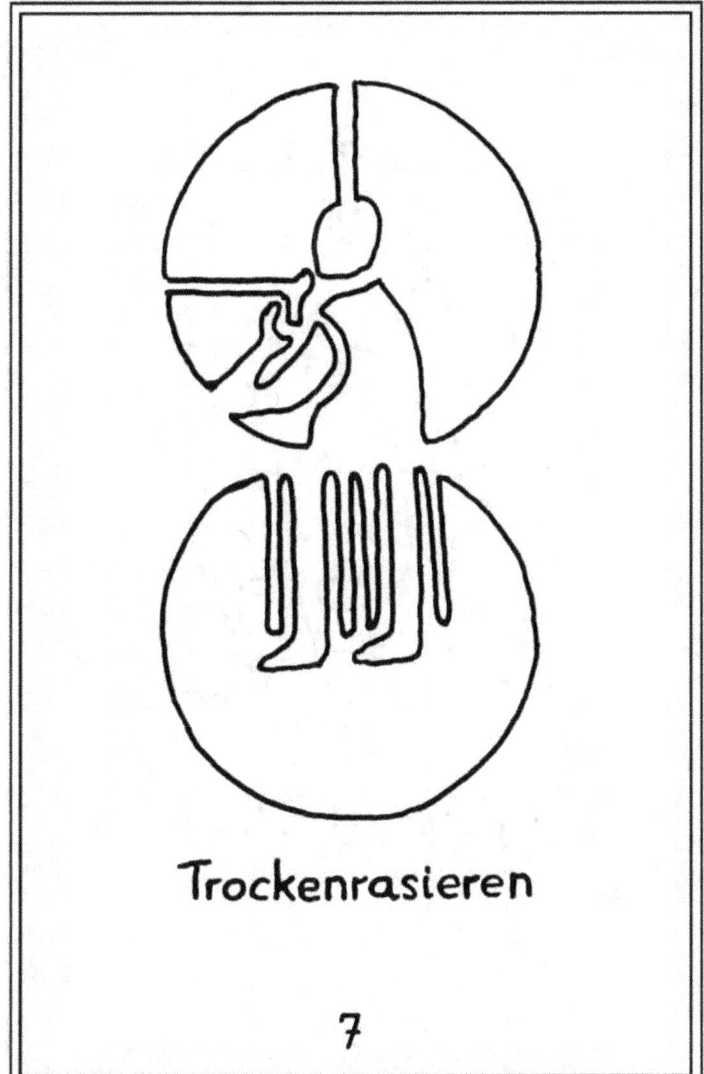

Trockenrasieren

7

indisch britisch

Segelschiff
mit Umgebung

9

Segelschiff

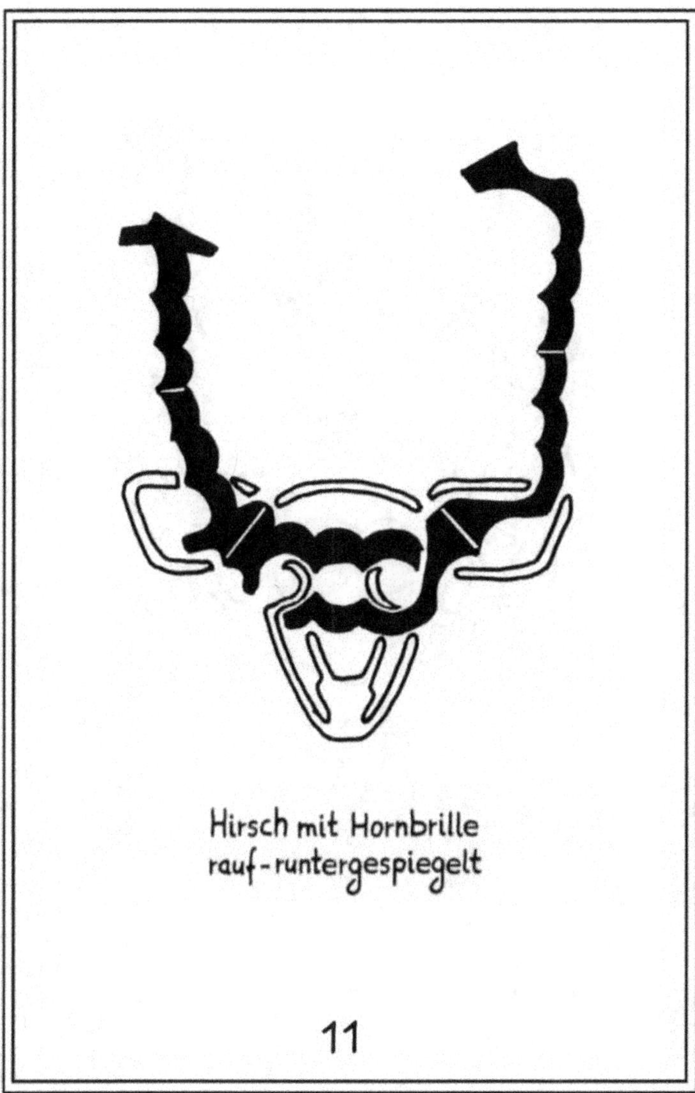

Hirsch mit Hornbrille
rauf-runtergespiegelt

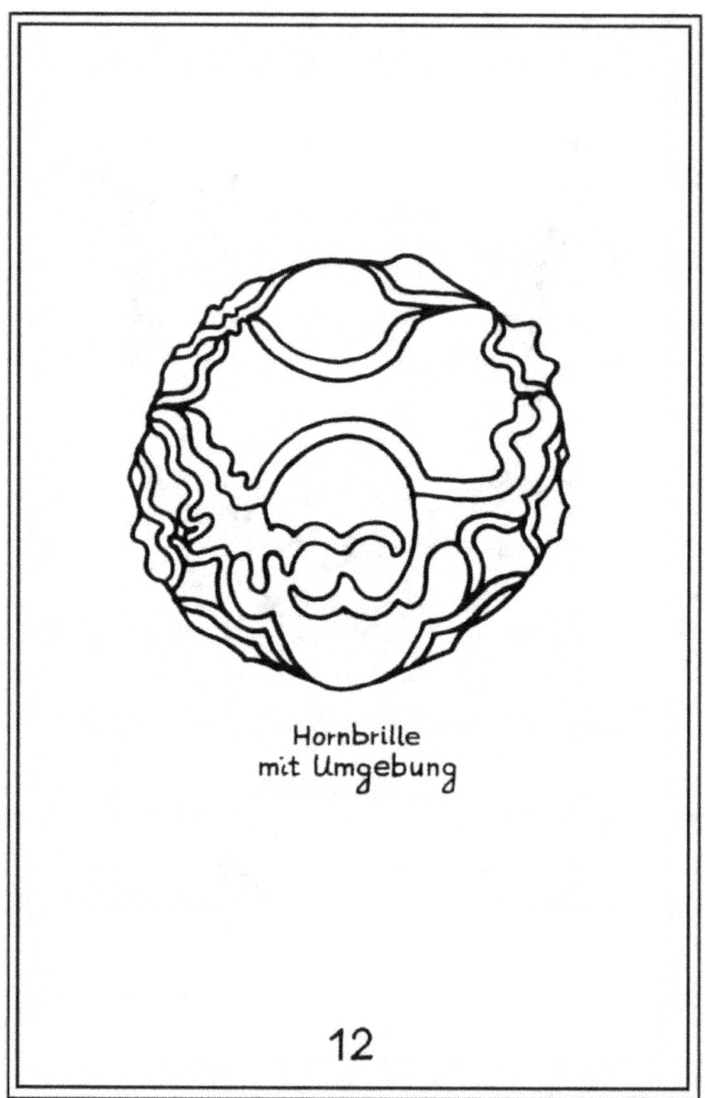

Hornbrille
mit Umgebung

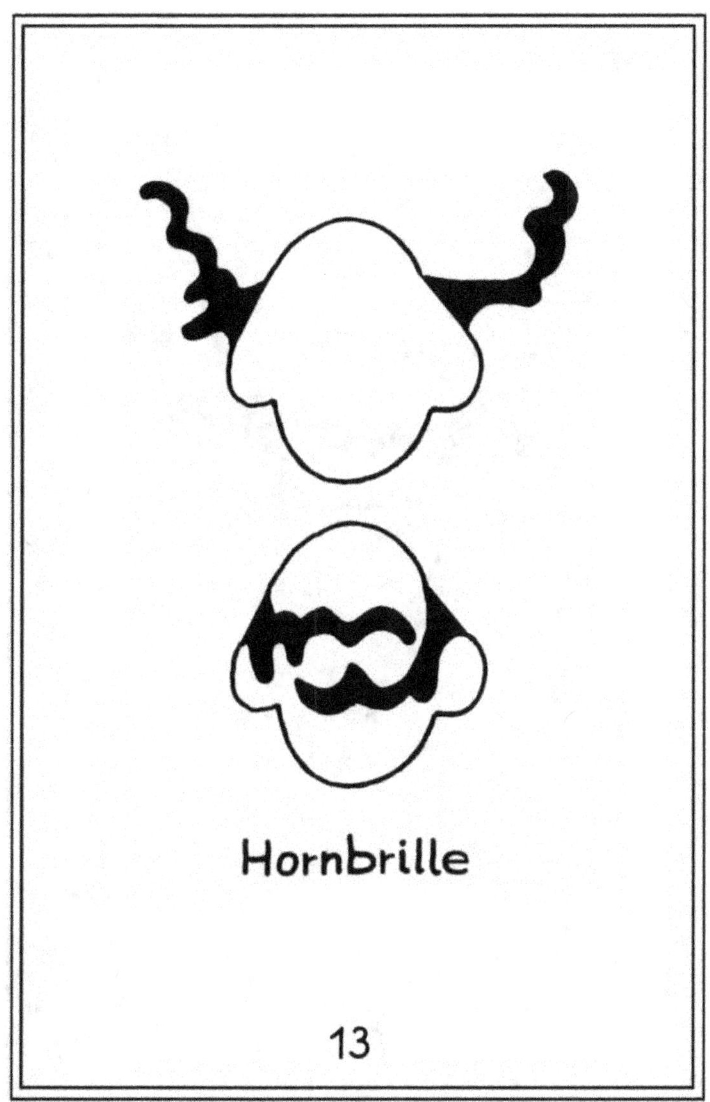

Hornbrille

13

Hornbrille
rauf-runtergespiegelt

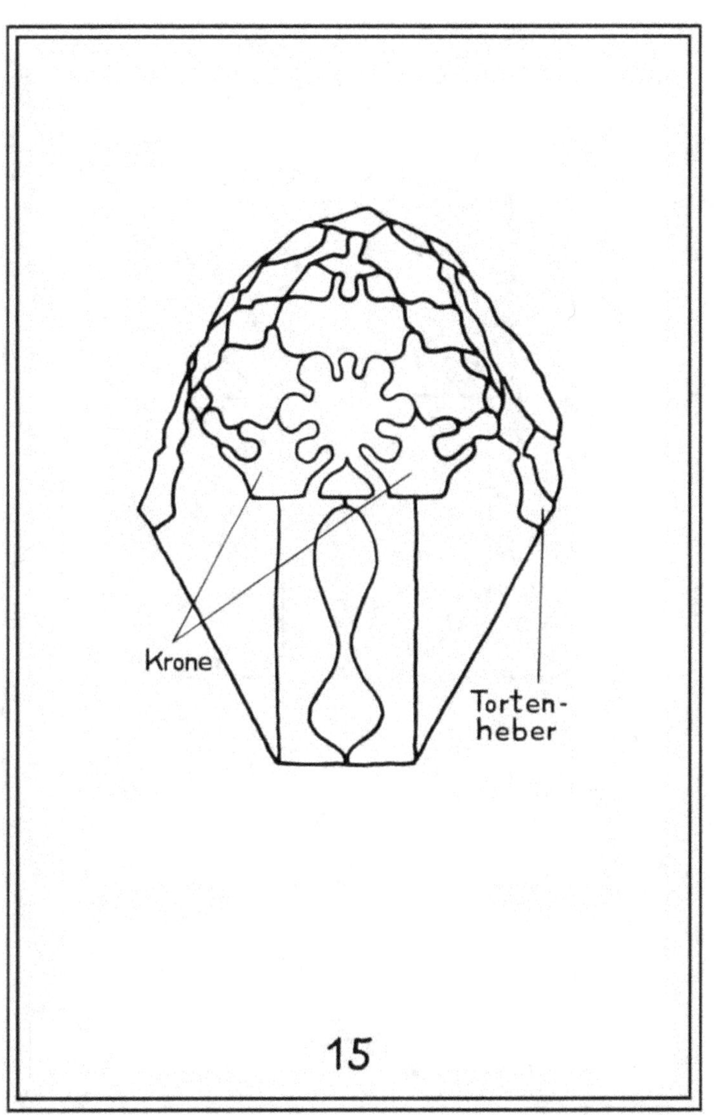

15

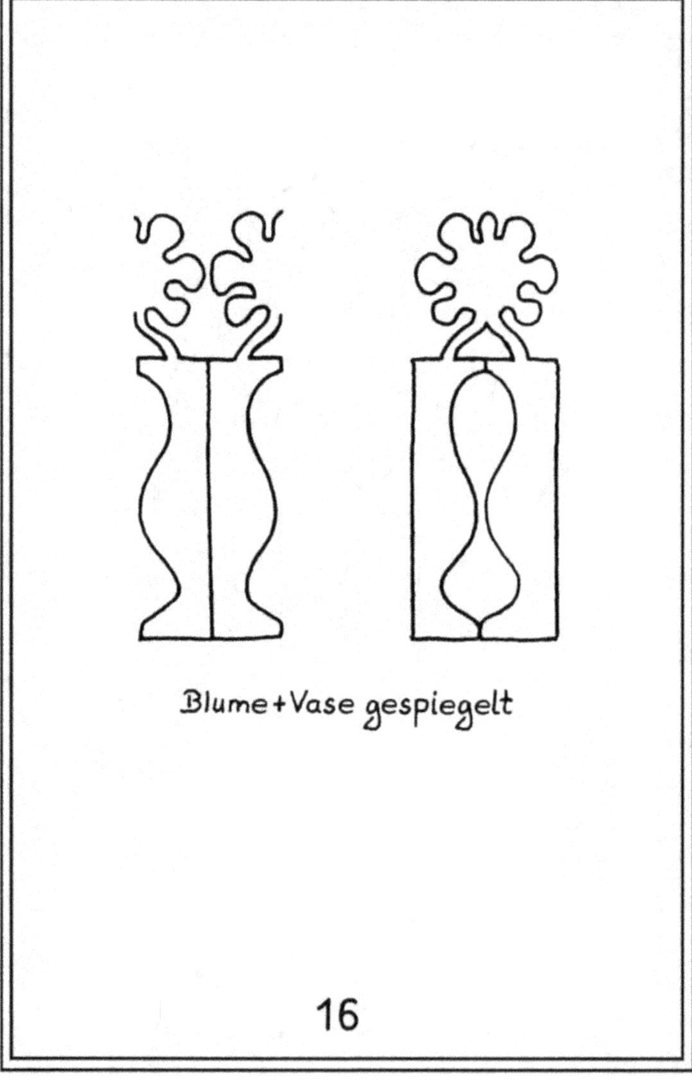

Blume + Vase gespiegelt

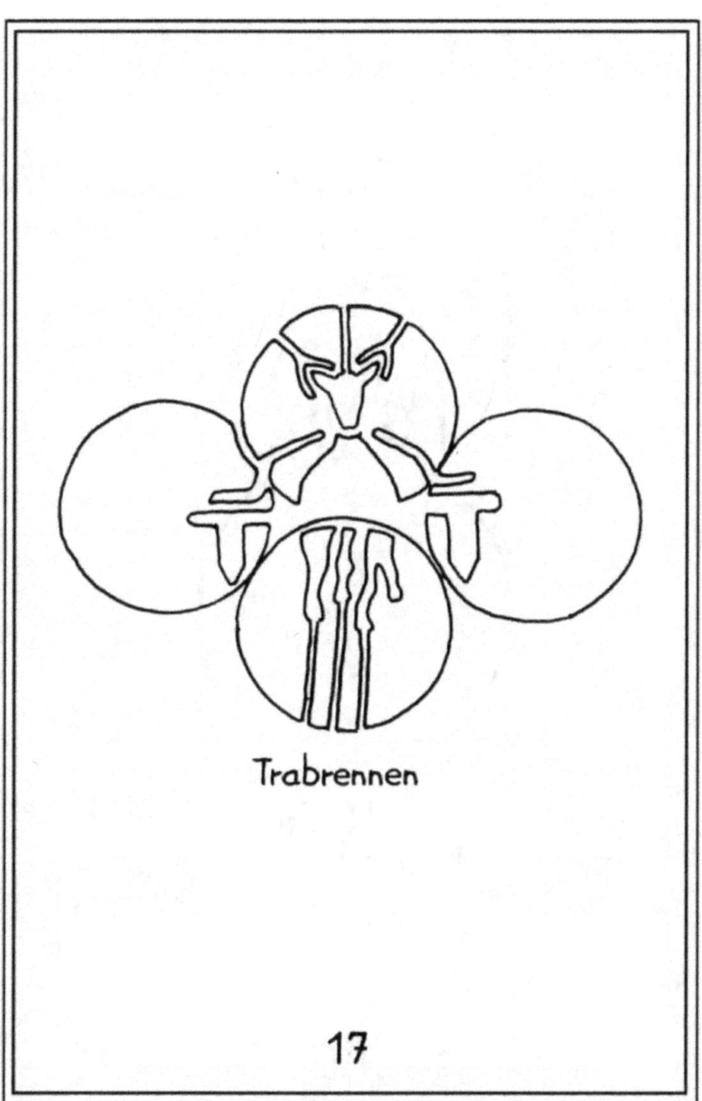

Trabrennen

laufendes Pferd
Beine gespiegelt

18

laufendes Pferd
Beine gespiegelt

19

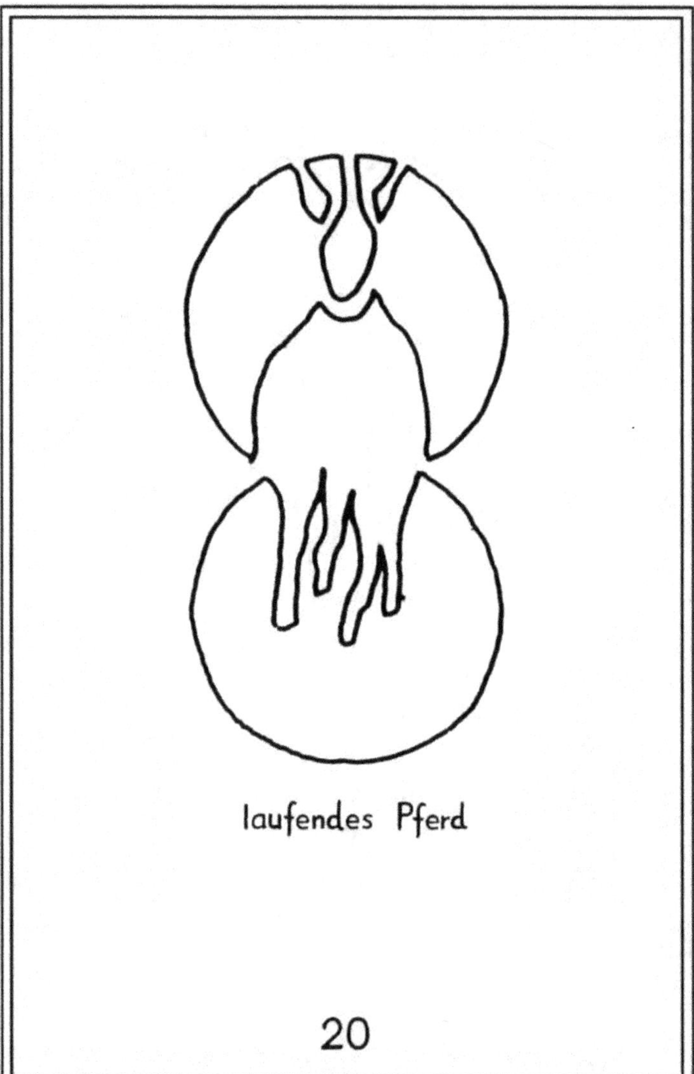

laufendes Pferd

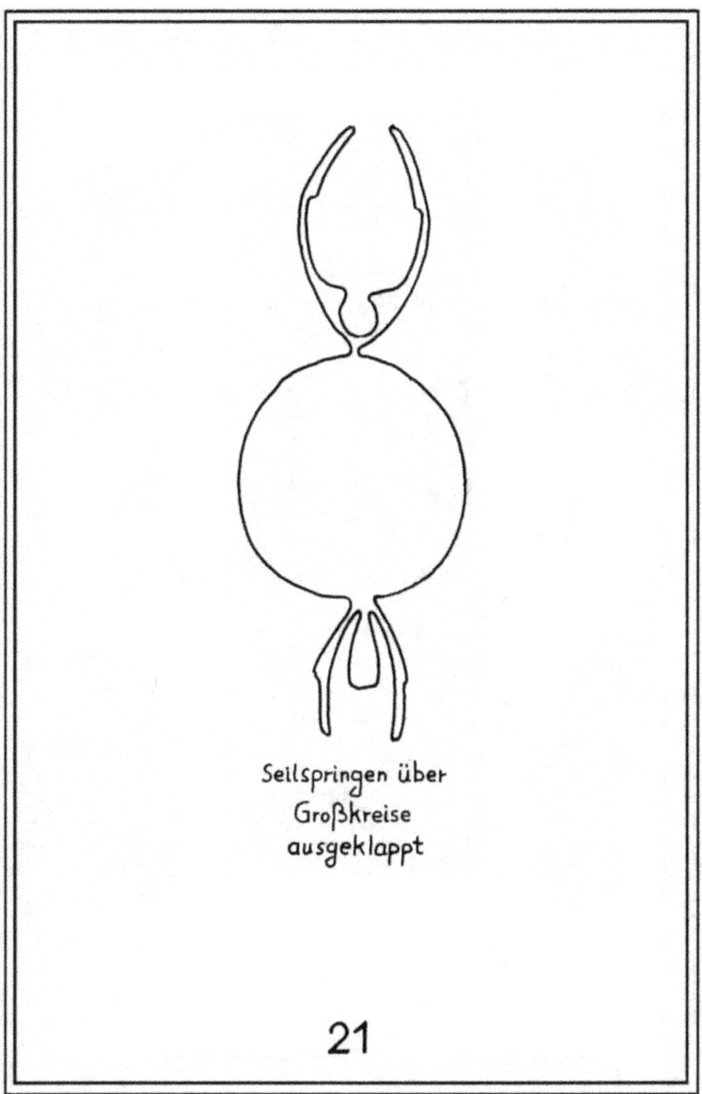

Seilspringen über
Großkreise
ausgeklappt

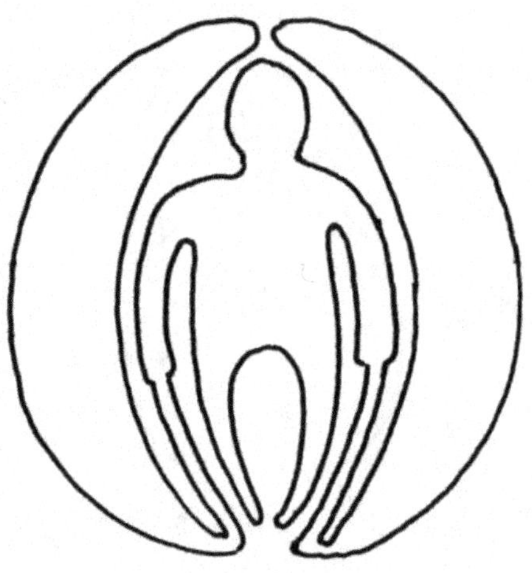

Seilspringen über
Großkreise

22

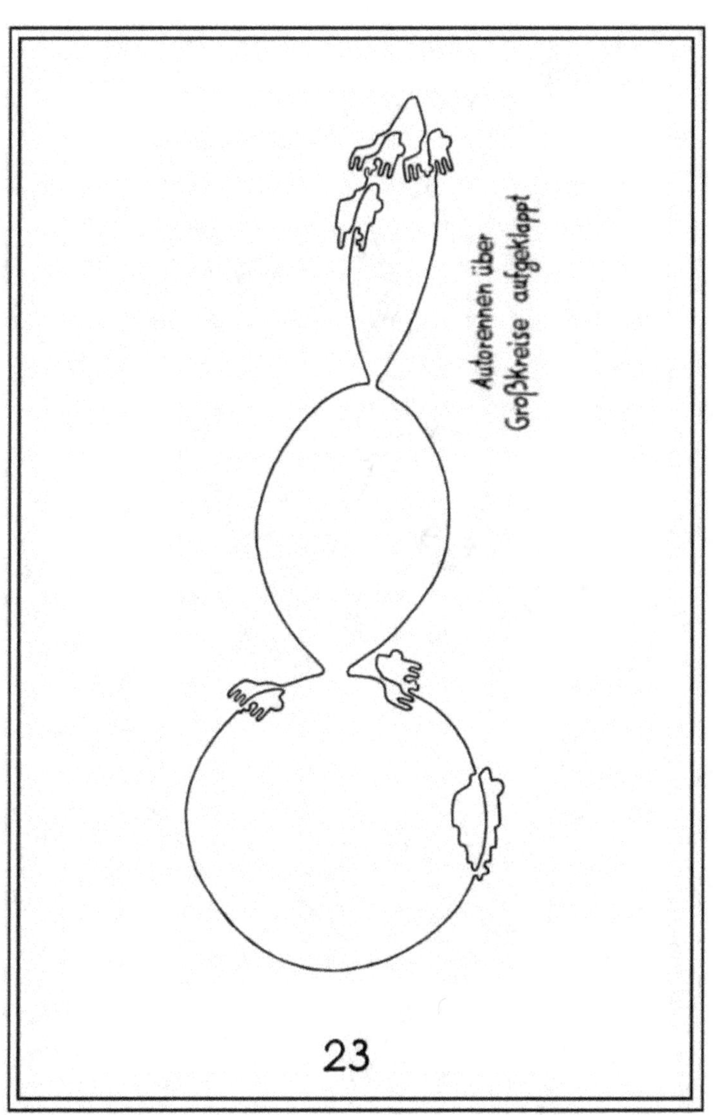

23

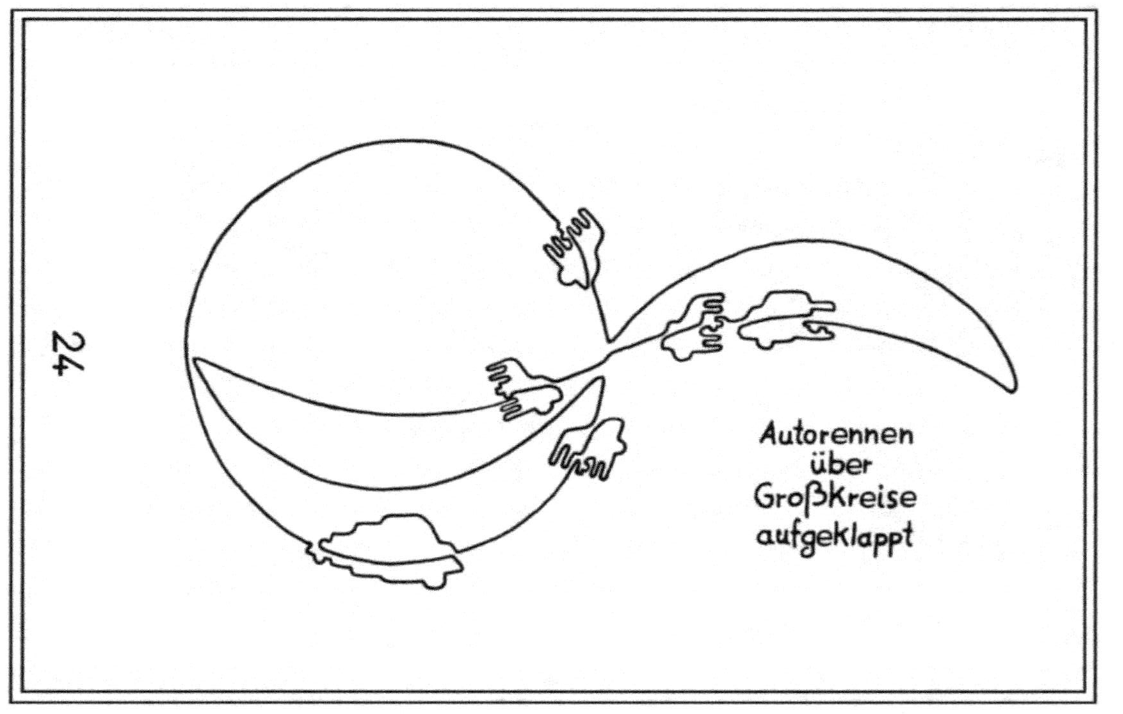

Autorennen
über
Großkreise
aufgeklappt

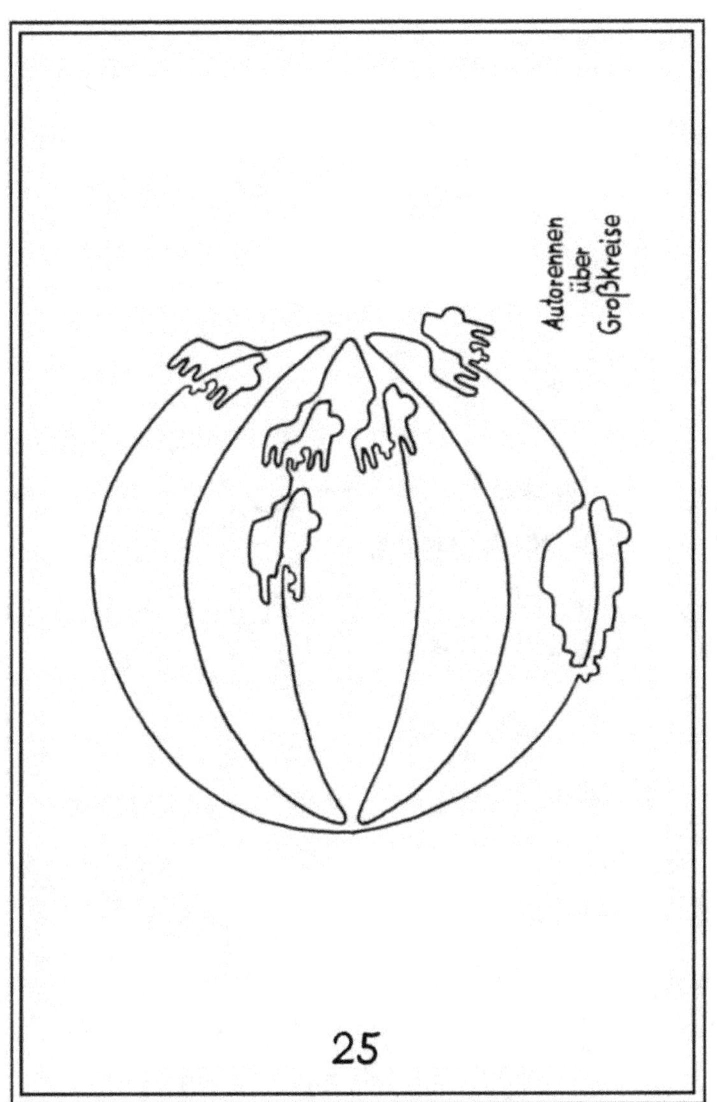

25

Auto
verlängert

verkürzt

27

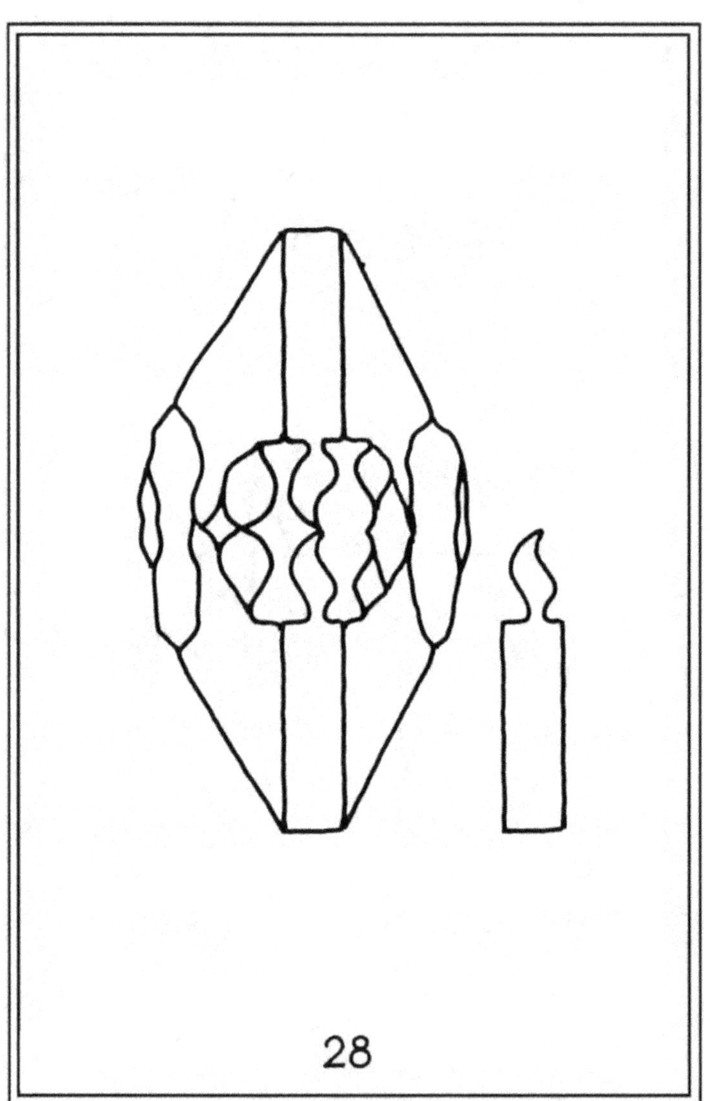

28

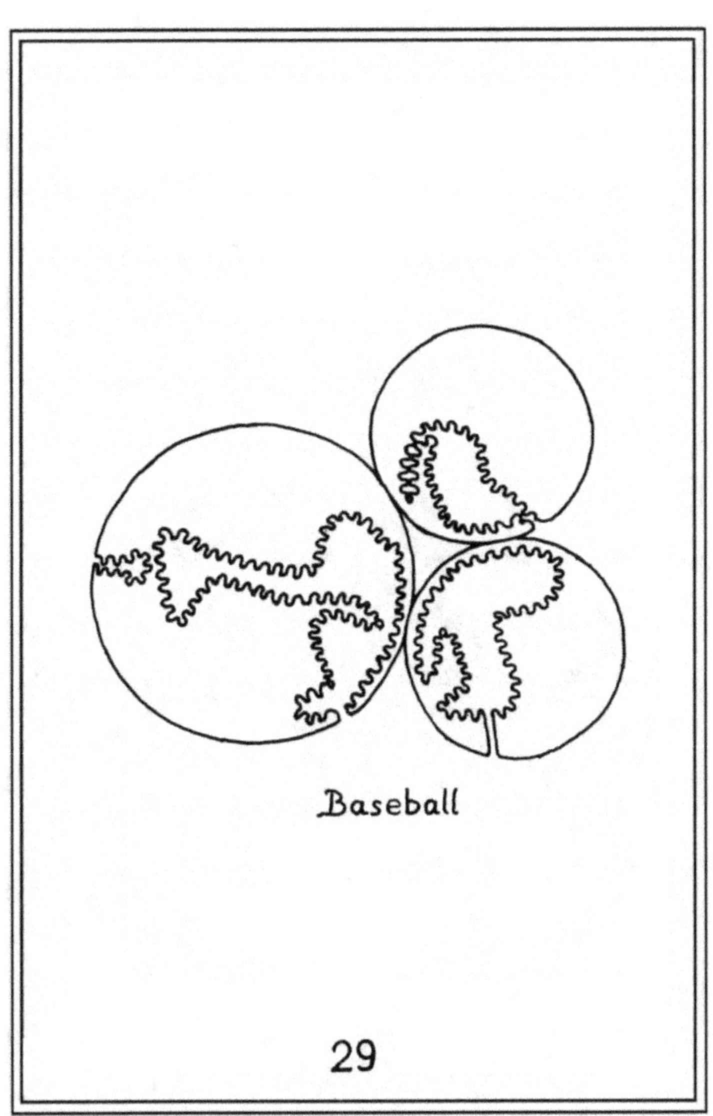

Baseball

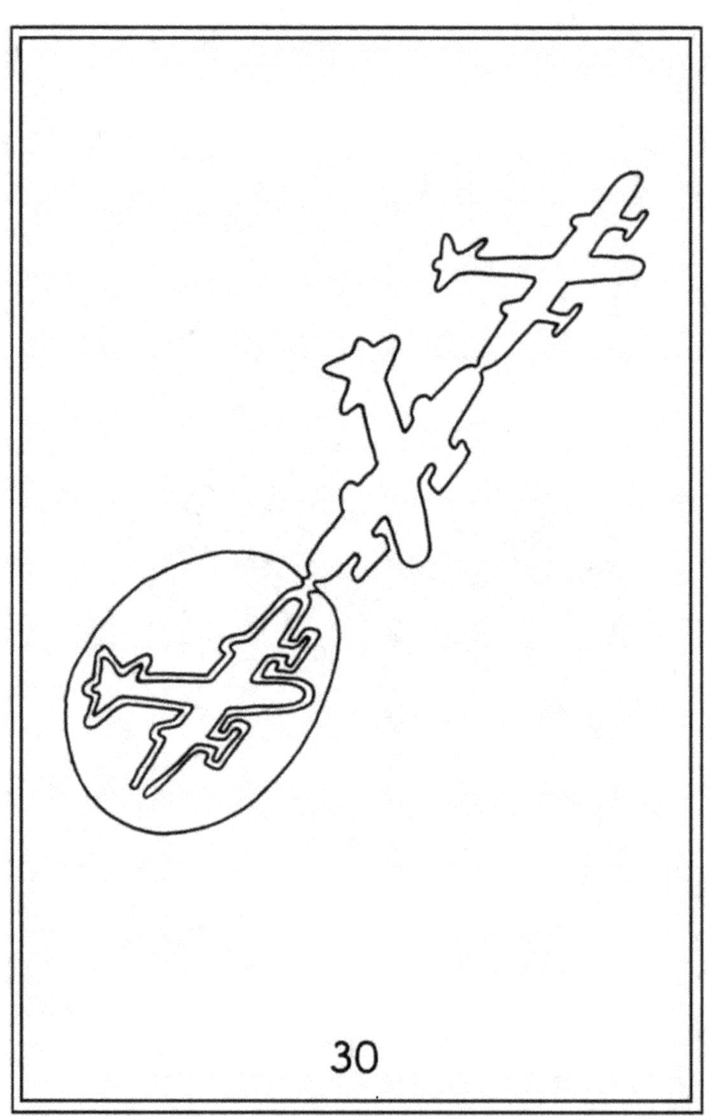

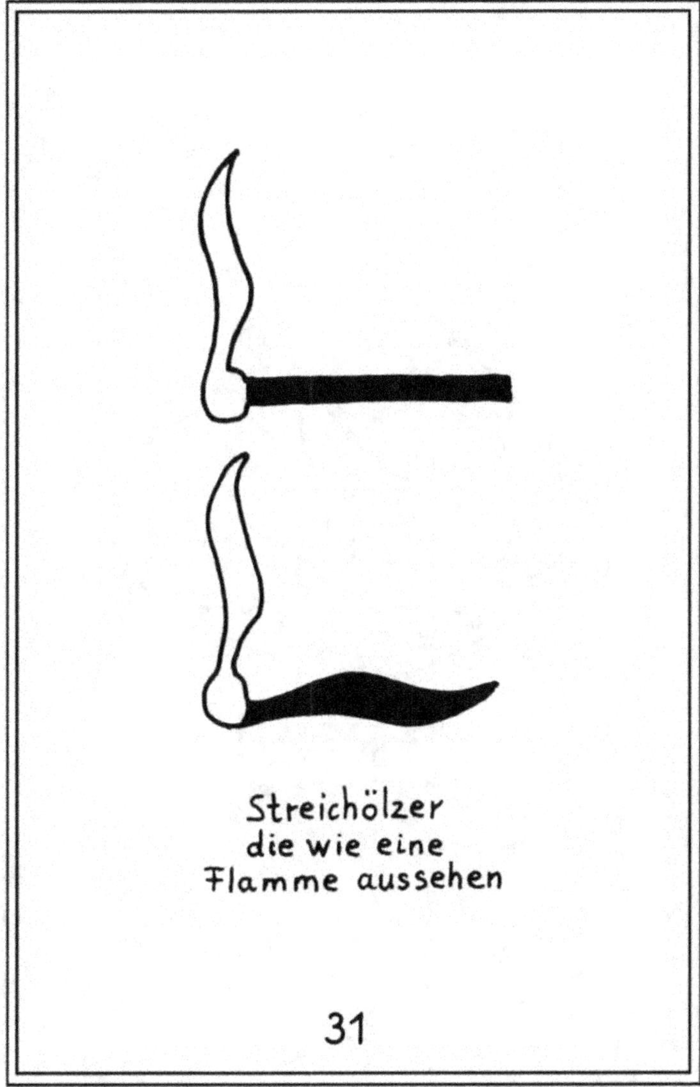

31

Regenschirm
mit Umgebung

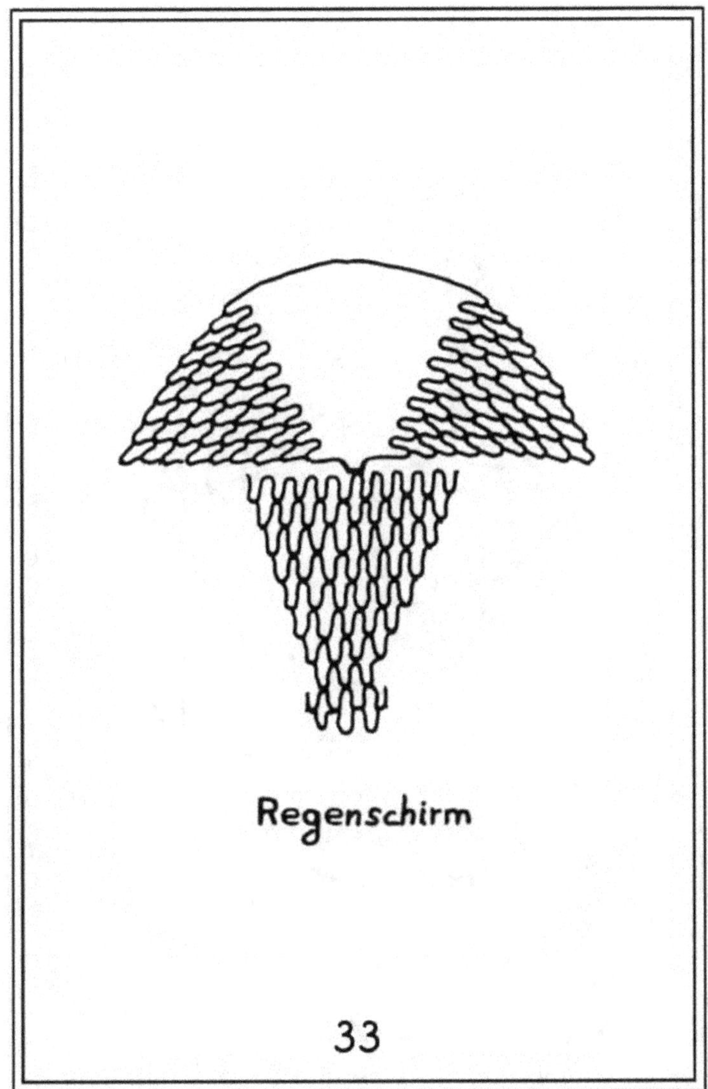

Regenschirm

ein halber Regenschirm
mit Umgebung

34

ein halber Regenschirm

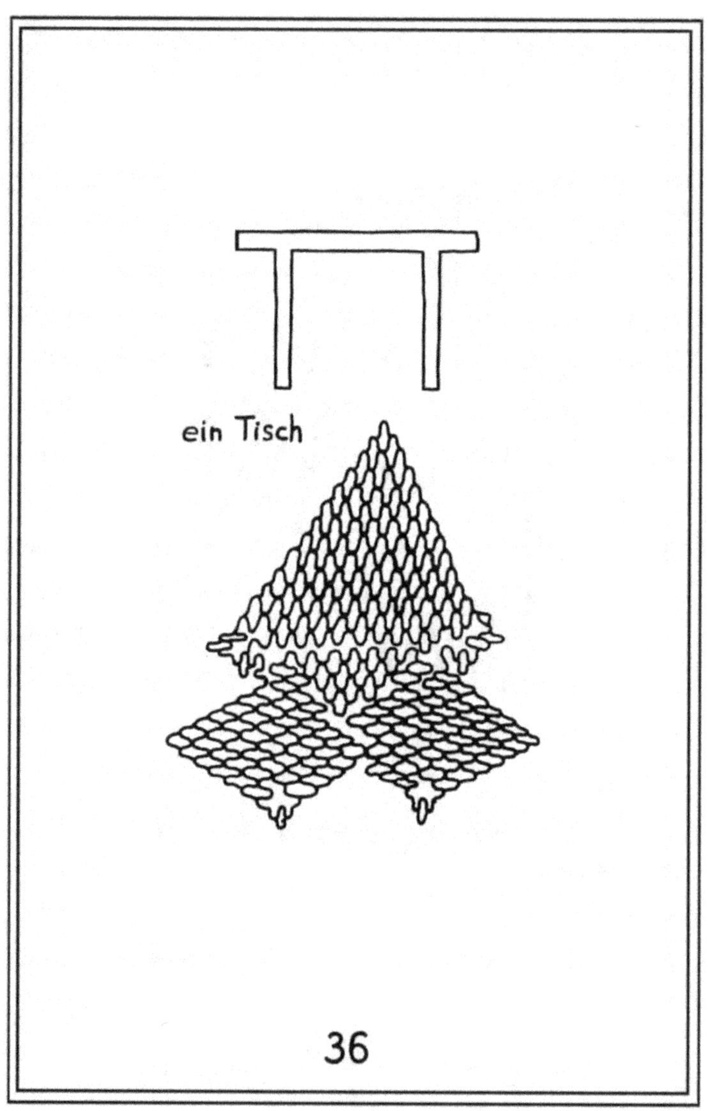

ein Tisch

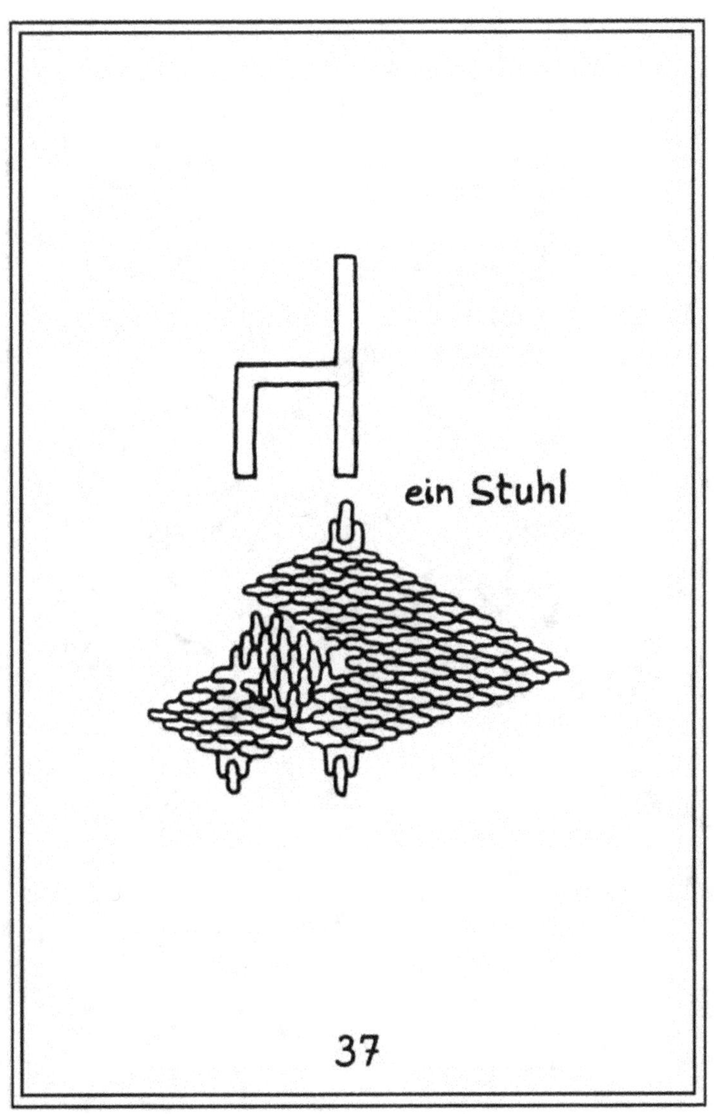
ein Stuhl

Häuser die wie
Fenster aussehen

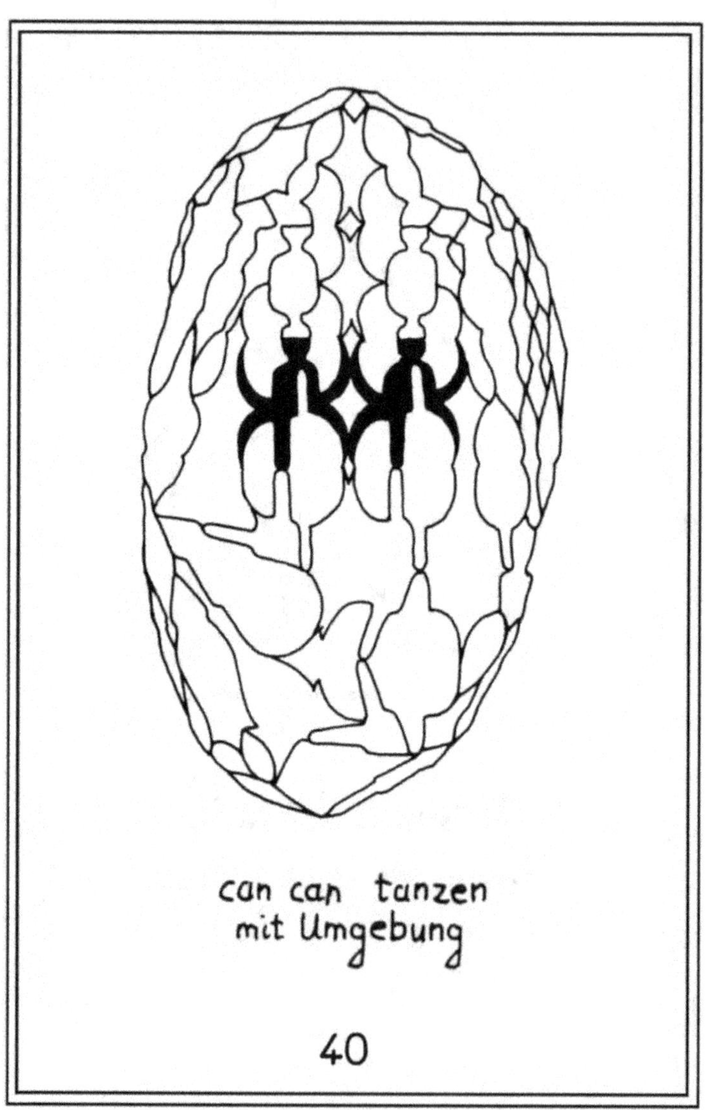

can can tanzen
mit Umgebung

40

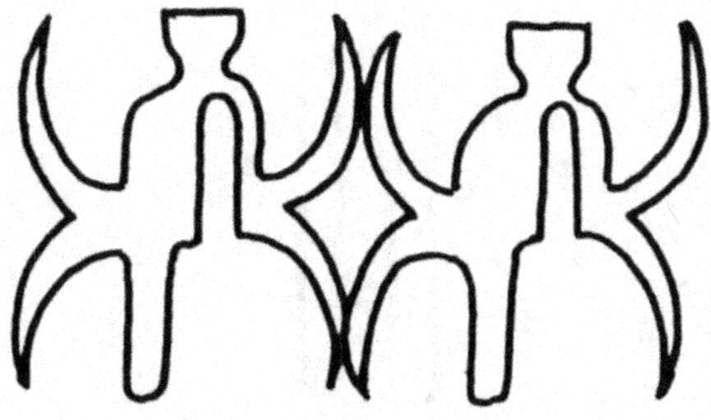

can can

Katamaran-
löffel

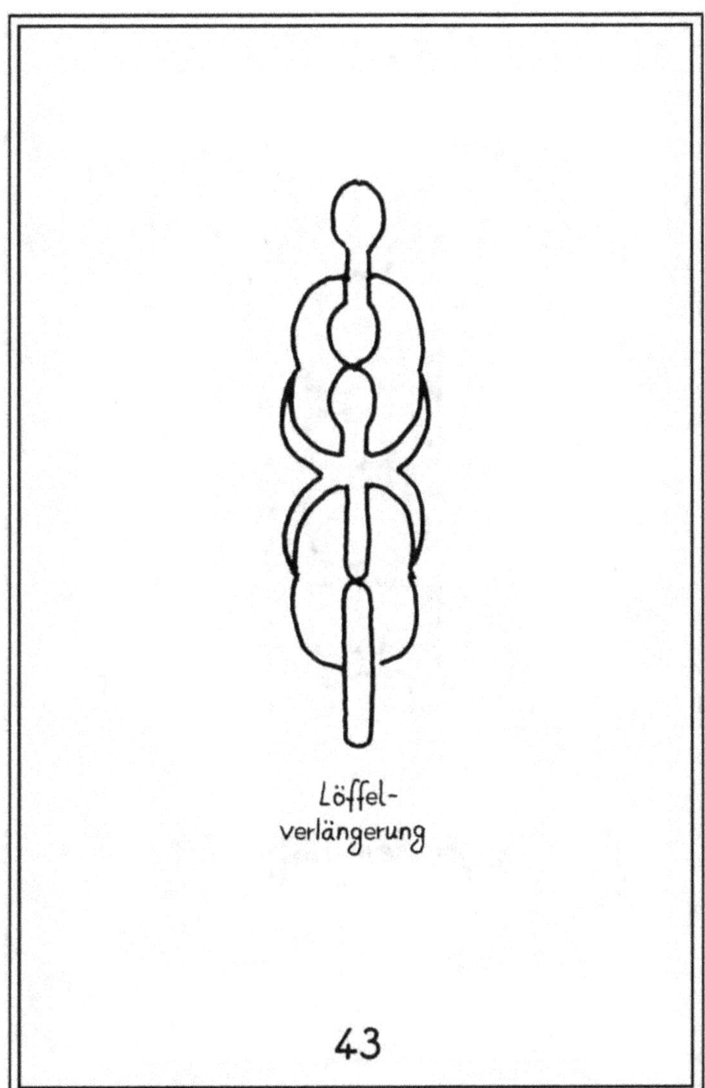

Löffel-
verlängerung

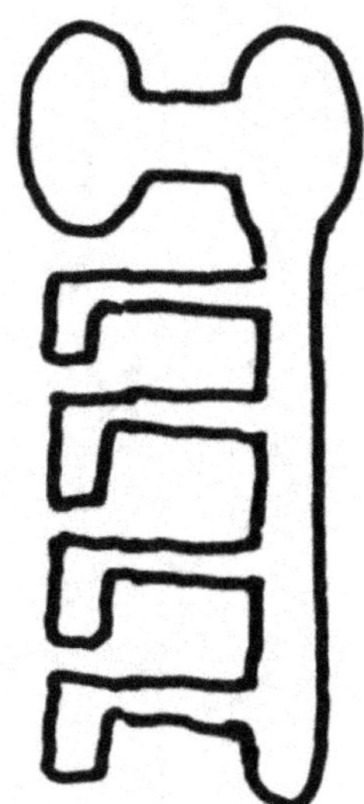

Auslegerlöffel

44

aufstehen
hinsetzen

46

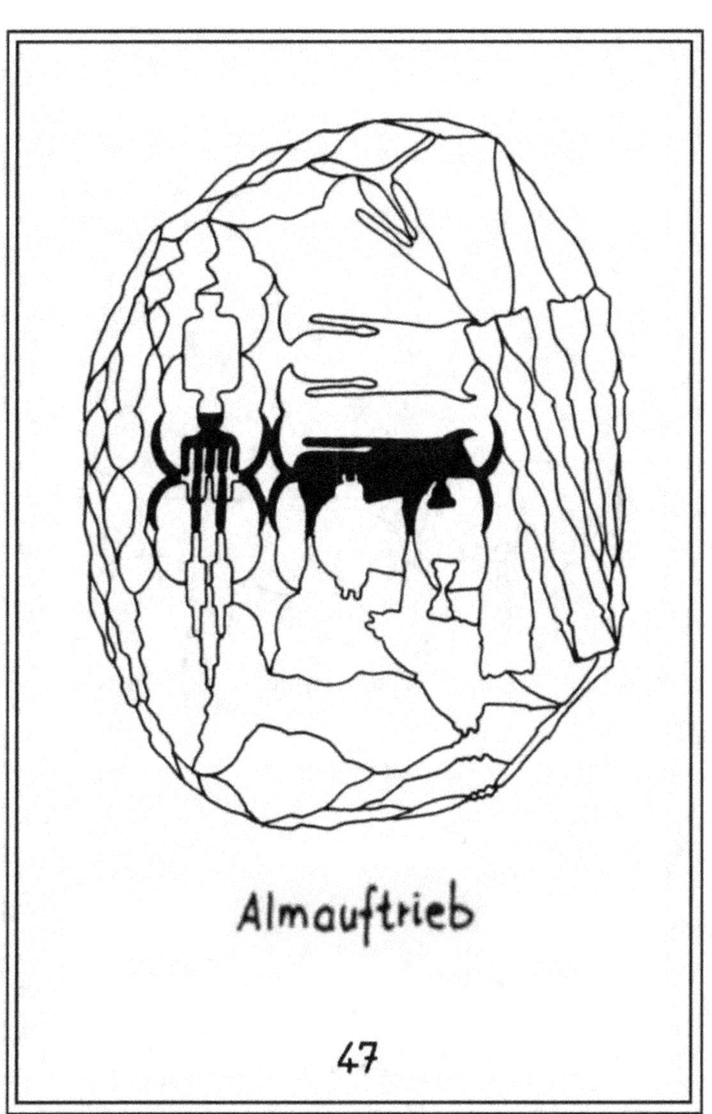

Almauftrieb

47

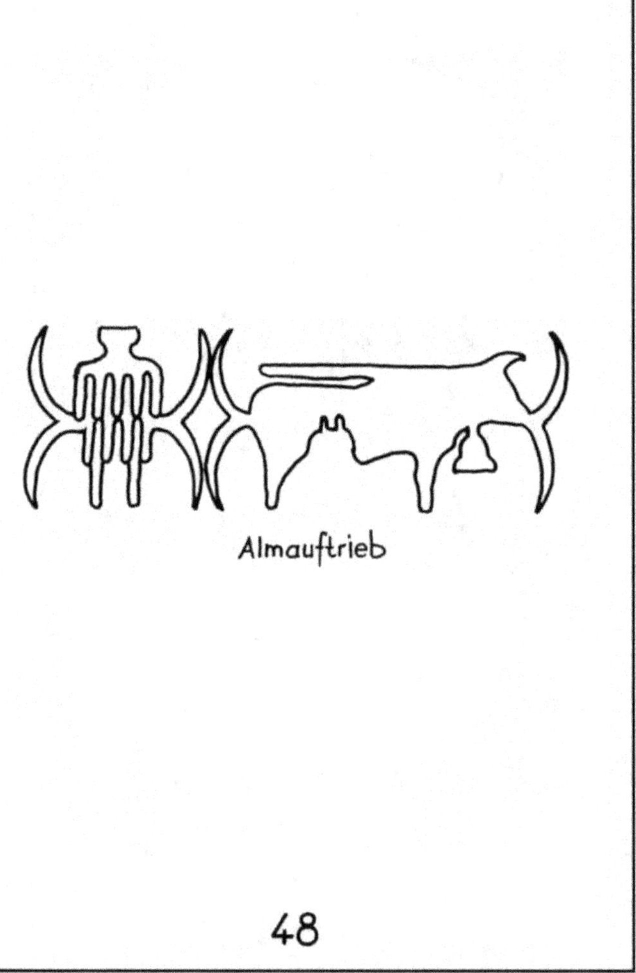

Almauftrieb

Allee mit Gebäude

8er mit Steuermann mit Umgebung

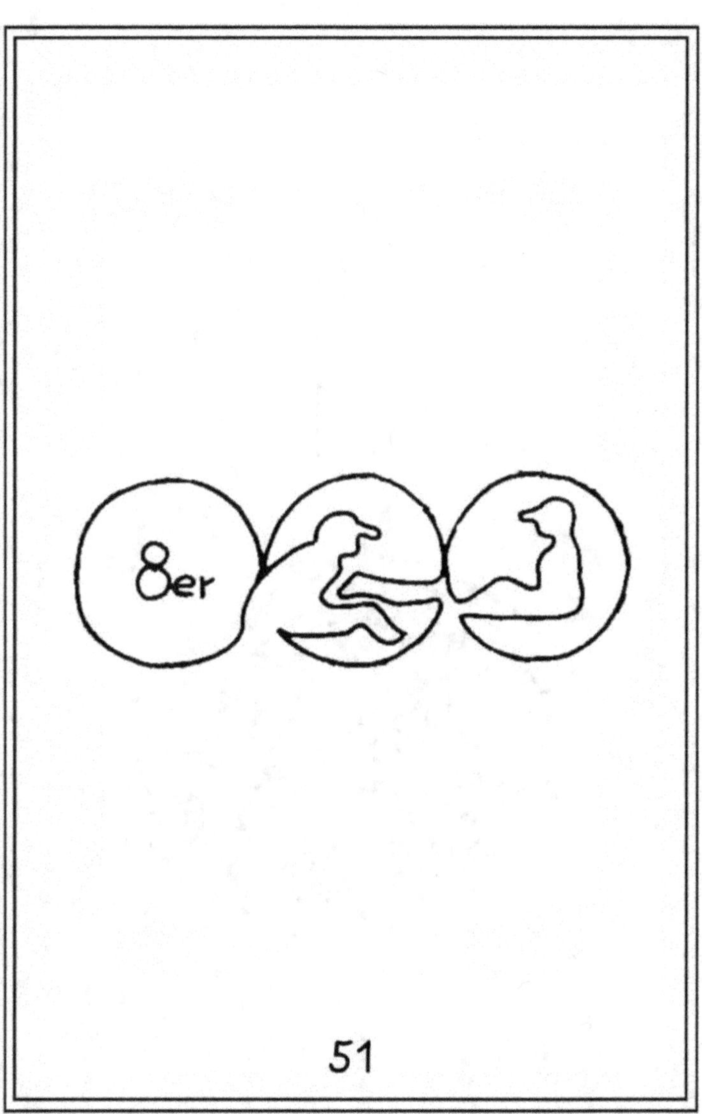

8er

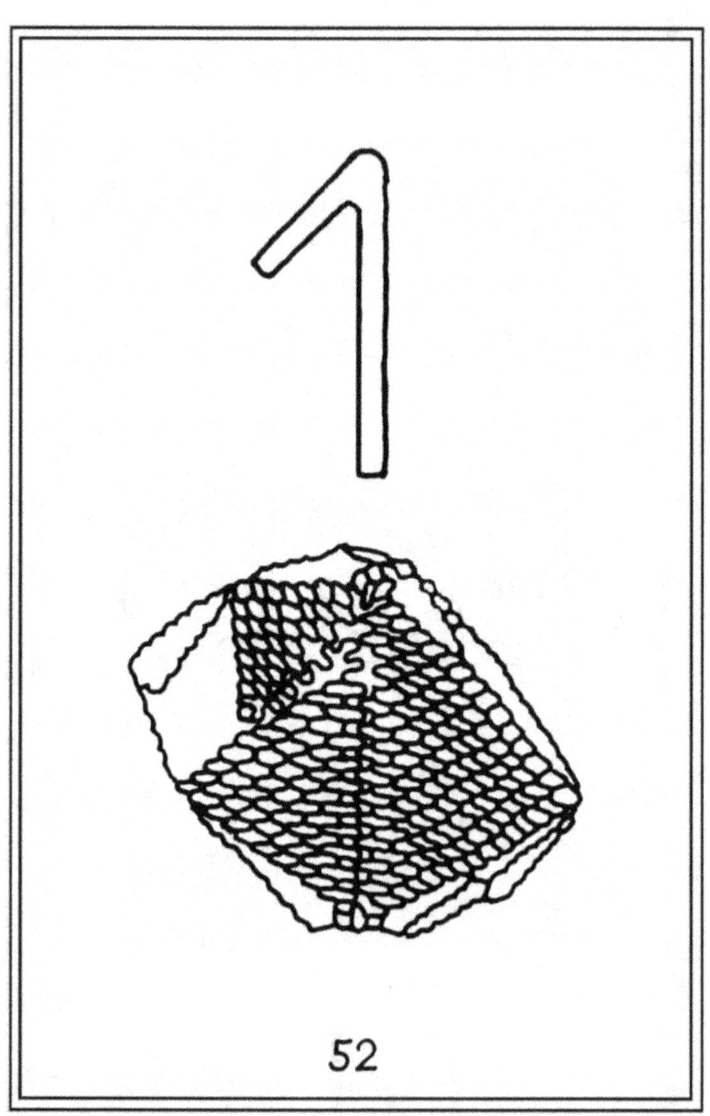

52

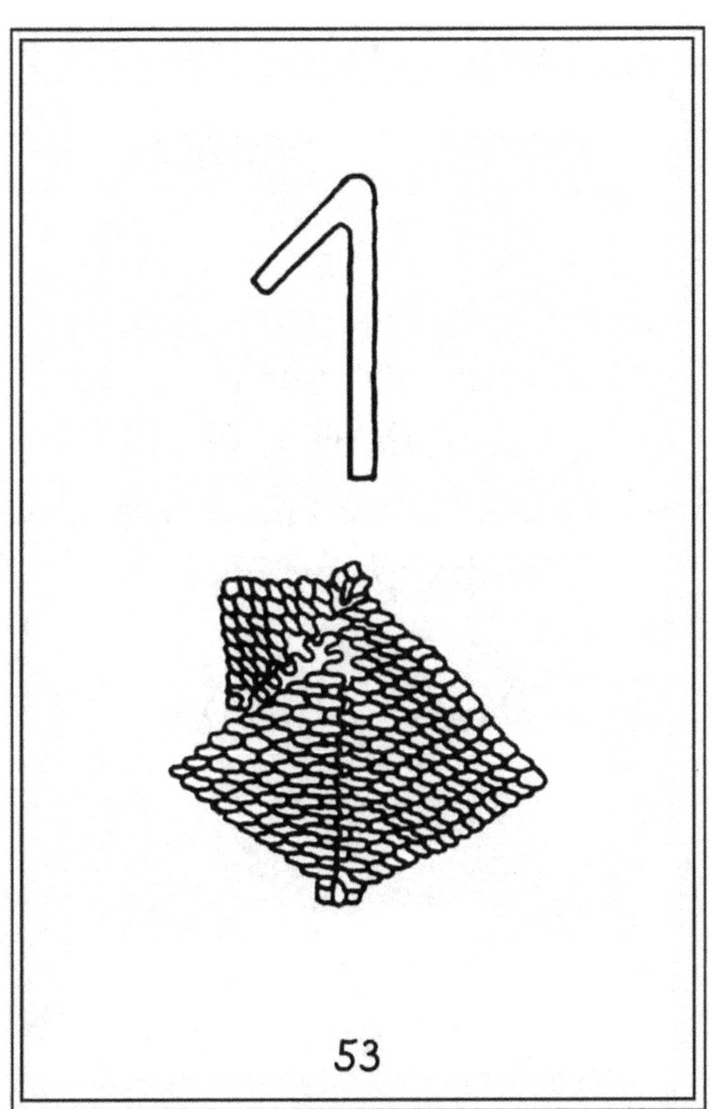

Impressum:
Claus-Dietrich Groll
53474 Bad Neuenahr-Ahrweiler
Walburgisstrasse 1

Druck: Amazon